全国人民代表大会常务委员会公报版

中华人民共和国
人民陪审员法

中国民主法制出版社

图书在版编目（CIP）数据

中华人民共和国人民陪审员法/全国人大常委会办公厅供稿．—北京：中国民主法制出版社，2018.4

ISBN 978-7-5162-1801-3

Ⅰ.①中… Ⅱ.①全… Ⅲ.①陪审制度—研究—中国 Ⅳ.①D926.2

中国版本图书馆 CIP 数据核字（2018）第 079370 号

书名/中华人民共和国人民陪审员法
ZHONGHUARENMINGONGHEGUORENMINPEISHENYUANFA

出版·发行/中国民主法制出版社
地址/北京市丰台区玉林里 7 号（100069）
电话/63055259（总编室） 63057714（发行部）
传真/63056975 63056983
http://www.npcpub.com
E-mail:mzfz@npcpub.com
经销/新华书店
开本/32 开 850 毫米×1168 毫米
印张/1 **字数**/19 千字
版本/2018 年 4 月第 1 版 2018 年 4 月第 1 次印刷
印刷/北京新华印刷有限公司

书号/ISBN 978-7-5162-1801-3
定价/5.00 元

目　　录

中华人民共和国主席令

第四号

《中华人民共和国人民陪审员法》已由中华人民共和国第十三届全国人民代表大会常务委员会第二次会议于2018年4月27日通过，现予公布，自公布之日起施行。

中华人民共和国主席　习近平

2018年4月27日

中华人民共和国人民陪审员法

（2018 年 4 月 27 日第十三届全国人民代表大会常务委员会第二次会议通过）

第一条 为了保障公民依法参加审判活动，促进司法公正，提升司法公信，制定本法。

第二条 公民有依法担任人民陪审员的权利和义务。

人民陪审员依照本法产生，依法参加人民法院的审判活动，除法律另有规定外，同法官有同等权利。

第三条 人民陪审员依法享有参加审判活动、独立发表意见、获得履职保障等权利。

人民陪审员应当忠实履行审判职责，保守审判秘密，注重司法礼仪，维护司法形象。

第四条 人民陪审员依法参加审判活动，受法律保护。

人民法院应当依法保障人民陪审员履行审判职责。

人民陪审员所在单位、户籍所在地或者经常居住地的基层群众性自治组织应当依法保障人民陪审员参加审判活动。

第五条　公民担任人民陪审员，应当具备下列条件：

（一）拥护中华人民共和国宪法；

（二）年满二十八周岁；

（三）遵纪守法、品行良好、公道正派；

（四）具有正常履行职责的身体条件。

担任人民陪审员，一般应当具有高中以上文化程度。

第六条　下列人员不能担任人民陪审员：

（一）人民代表大会常务委员会的组成人员，监察委员会、人民法院、人民检察院、公安机关、国家安全机关、司法行政机关的工作人员；

（二）律师、公证员、仲裁员、基层法律服务工作者；

（三）其他因职务原因不适宜担任人民陪审员的人员。

第七条　有下列情形之一的，不得担任人民陪审员：

（一）受过刑事处罚的；

（二）被开除公职的；

（三）被吊销律师、公证员执业证书的；

（四）被纳入失信被执行人名单的；

（五）因受惩戒被免除人民陪审员职务的；

（六）其他有严重违法违纪行为，可能影响司法公信的。

第八条　人民陪审员的名额，由基层人民法院根据审判案件的需要，提请同级人民代表大会常务委员会确定。

人民陪审员的名额数不低于本院法官数的三倍。

第九条　司法行政机关会同基层人民法院、公安机关，从辖区内的常住居民名单中随机抽选拟任命人民陪审员数五倍以上的人员作为人民陪审员候选人，对人民陪审员候选人进行资格审查，征求候选人意见。

第十条　司法行政机关会同基层人民法院，从通过资格审查的人民陪审员候选人名单中随机抽选确定人民陪审员人选，由基层人民法院院长提请同级人民代表大会常务委员会任命。

第十一条　因审判活动需要，可以通过个人申请和所在单位、户籍所在地或者经常居住地的基层群众性自治组织、人民团体推荐的方式产生人民陪审员候选人，经司法行政机关会同基层人民法院、公安机关进行资格审查，确定人民陪审员人选，由基层人民法院院长提请同级人民代表大会常务委员会任命。

依照前款规定产生的人民陪审员，不得超过人民陪审员名额数的五分之一。

第十二条　人民陪审员经人民代表大会常务委员会任命后，应当公开进行就职宣誓。宣誓仪式由基层人民法院会同司法行政机关组织。

第十三条　人民陪审员的任期为五年，一般不得连任。

第十四条　人民陪审员和法官组成合议庭审判案件，由法官担任审判长，可以组成三人合议庭，也可以由法官三人与人民陪审员四人组成七人合议庭。

第十五条　人民法院审判第一审刑事、民事、行政案件，有下列情形之一的，由人民陪审员和法官组成合议庭进行：

（一）涉及群体利益、公共利益的；

（二）人民群众广泛关注或者其他社会影响较大的；

（三）案情复杂或者有其他情形，需要由人民陪审员参加审判的。

人民法院审判前款规定的案件，法律规定由法官独任审理或者由法官组成合议庭审理的，从其规定。

第十六条　人民法院审判下列第一审案件，由人民陪审员和法官组成七人合议庭进行：

（一）可能判处十年以上有期徒刑、无期徒刑、死刑，社会影响重大的刑事案件；

（二）根据民事诉讼法、行政诉讼法提起的公益诉讼案件；

（三）涉及征地拆迁、生态环境保护、食品药品安全，社会影响重大的案件；

（四）其他社会影响重大的案件。

第十七条　第一审刑事案件被告人、民事案件原告或者被告、行政案件原告申请由人民陪审员参加合议庭审判的，人民法院可以决定由人民陪审员和法官组成合议庭审判。

第十八条　人民陪审员的回避，适用审判人员回避的法律规定。

第十九条　基层人民法院审判案件需要由人民陪审员参加合议庭审判的，应当在人民陪审员名单中随机抽取确定。

中级人民法院、高级人民法院审判案件需要由人民陪审员参加合议庭审判的，在其辖区内的基层人民法院的人民陪审员名单中随机抽取确定。

第二十条　审判长应当履行与案件审判相关的指引、提示义务，但不得妨碍人民陪审员对案件的独立判断。

合议庭评议案件，审判长应当对本案中涉及的事实认定、证据规则、法律规定等事项及应当注意的问题，向人民陪审员进行必要的解释和说明。

第二十一条　人民陪审员参加三人合议庭审判案件，对事实认定、法律适用，独立发表意见，行使表决权。

第二十二条　人民陪审员参加七人合议庭审判案件，对事实认定，独立发表意见，并与法官共同表决；对法律适用，可以发表意见，但不参加表决。

第二十三条　合议庭评议案件，实行少数服从多数的原则。人民陪审员同合议庭其他组成人员意见分歧的，应当将其意见写入笔录。

合议庭组成人员意见有重大分歧的，人民陪审员或者法官可以要求合议庭将案件提请院长决定是否提交审判委员会讨论决定。

第二十四条　人民法院应当结合本辖区实际情况，合理确定每名人民陪审员年度参加审判案件的数量上限，并向社会公告。

第二十五条　人民陪审员的培训、考核和奖惩等日常管理工作，由基层人民法院会同司法行政机关负责。

对人民陪审员应当有计划地进行培训。人民陪审员应当按照要求参加培训。

第二十六条　对于在审判工作中有显著成绩或者有其他突出事迹的人民陪审员，依照有关规定给予表彰和奖励。

第二十七条　人民陪审员有下列情形之一，经所在基层人民法院会同司法行政机关查证属实的，由院长提请同级人民代表大会常务委员会免除其人民陪审员职务：

（一）本人因正当理由申请辞去人民陪审员职务的；

（二）具有本法第六条、第七条所列情形之一的；

（三）无正当理由，拒绝参加审判活动，影响审判工作正常进行的；

（四）违反与审判工作有关的法律及相关规定，徇私舞弊，造成错误裁判或者其他严重后果的。

人民陪审员有前款第三项、第四项所列行为的，可以采取通知其所在单位、户籍所在地或者经常居住地的基层群众性自治组织、人民团体，在辖区范围内公开通报等措施进行惩戒；构成犯罪的，依法追究刑事责任。

第二十八条　人民陪审员的人身和住所安全受法律保护。任何单位和个人不得对人民陪审员及其近亲属打击报复。

对报复陷害、侮辱诽谤、暴力侵害人民陪审员及其近亲属的，依法追究法律责任。

第二十九条　人民陪审员参加审判活动期间，所在单位不得克扣或者变相克扣其工资、奖金及其他福利待遇。

人民陪审员所在单位违反前款规定的，基层人民法院应当及时向人民陪审员所在单位或者所在单位的主管部门、上级部门提出纠正意见。

第三十条　人民陪审员参加审判活动期间，由人民法院依照有关规定按实际工作日给予补助。

人民陪审员因参加审判活动而支出的交通、就餐等费用，由人民法院依照有关规定给予补助。

第三十一条 人民陪审员因参加审判活动应当享受的补助，人民法院和司法行政机关为实施人民陪审员制度所必需的开支，列入人民法院和司法行政机关业务经费，由相应政府财政予以保障。具体办法由最高人民法院、国务院司法行政部门会同国务院财政部门制定。

第三十二条 本法自公布之日起施行。2004年8月28日第十届全国人民代表大会常务委员会第十一次会议通过的《全国人民代表大会常务委员会关于完善人民陪审员制度的决定》同时废止。

关于《中华人民共和国人民陪审员法（草案）》的说明

——2017年12月22日在第十二届全国人民代表大会常务委员会第三十一次会议上

最高人民法院院长　周　强

委员长、各位副委员长、秘书长、各位委员：

我代表最高人民法院，作关于《中华人民共和国人民陪审员法（草案）》的说明。

一、制定人民陪审员法的重要性和必要性

党的十九大报告强调，要健全人民当家作主制度体系，发展社会主义民主政治。人民陪审员制度是社会主义民主政治的重要内容，是中国特色社会主义司法制度的重要组成部分，也是社会主义民主制度在司法领域的重要体现。人民群众是依法治国的基本力量，人民陪审员制度是人民群众了解司法、参与司法、监督司法的直接形式，也是人民法院弘扬司法民主、促进司法公开、保障司法公正、增强司法公信的有力保证。制定一部专门的人民陪审员法，有利于扩大司法领域的人民民主，切实保障人民群众对审判工作的知情权、参与权、监督权，更好地体现人民当家作主；有利于弘扬社会主义核心价值观和法治精神，促进全民守法、营造依法治国的浓厚氛围；有利于架起人民法院与人民群众的沟通桥梁，形成法官和人民陪审员的优势互补，实现司法专业化判断与群众对公正认知的有机统一，让人民群众在每一个司法案件中感受到公平正义。

我国现行的人民陪审员制度，是以全国人大常委会2004 年审议通过的《关于完善人民陪审员制度的决定》（以下简称《决定》）为核心，包括法院组织法以及民事、刑事、行政诉讼法相关法律规定、司法解释、政策文件所构成的制度体系。长期以来，人民陪审员制度在推进司法民主、促进司法公正、提高司法公信等方面一直发挥着重要作用，但仍存在一些需要改进和完善的地方，如人民陪审员的广泛性和代表性不足，“驻庭陪审、编外法官”“陪而不审、审而不议”现象仍然存在，管理机制不健全，履职保障机制不完善等。党的十八届三中全会决定指出，要广泛实行人民陪审员制度，拓宽人民群众有序参与司法的渠道。四中全会决定进一步提出，完善人民陪审员制度，保障公民陪审权利，提高人民陪审制度公信度，逐步实行人民陪审员不再审理法律适用问题，只参与审理事实认定问题。这些都为人民陪审员制度改革提出了明确方向和政策要求。

根据中央深改组审议通过的《人民陪审员制度改革试点方案》（以下简称《试点方案》）和全国人大常委会《关于授权在部分地区开展人民陪审员制度改革试点工作的决定》，2015 年 5 月，最高人民法院和司法部联合发布《人民陪审员制度改革试点工作实施办法》（以下简称《试点办法》），开始了新一轮人民陪审员制度改革试点。为了进一步研究试点改革中的有关问题，2017 年 4 月，全国人大常委会决定，试点期限延长一年。试点期满，最高人民法院应当就试点情况向全国人民代表大会常务委员会作出报告。对实践证明可行的，最高人民法院应当会同有关方面提出修改相关法律的意见；对实践证明不宜调整的，恢复施行有关法律规定。两年多来，各试点法院积极扩大选任范围、完善参审机制、合理区分事实审和法律审、健全保障机制，试点工作成效显著。在试点过程中，有不少人大代表、政协委员、专家学者提出，人民陪审员制度是我国社会主义民主政治的重要组成部分，建议在宪法中增加人民陪审员制度相关条款，同时，在总结改革试点经验的基础上，制定专门的人民陪审员法。在当前形势下，制定一部专门的人民陪审员法，既是完善中国特色社会主义法律体系的必然要求，也是充分发挥人民陪审员制度功能作用的客观需要。特别是经过两年多试点，各地法院已经探索出许多可复制、可推广的经验做法，其中所涉重点难点问题也基本形成共识，立法条件已经具备。

二、制定人民陪审员法的基本原则

（一）充分保障人民群众参与司法的民主权利

宪法规定，人民依照法律规定，通过各种途径和形式，管理国家事务，管理经济和文化事业，管理社会事务。党的十九大报告强调，要体现人民意志、保障人民权益，激发人民创造活力，用制度体系保证人民当家作主。经过法定的选任条件和程序，担任人民陪审员参与司法事务的管理是公民的一项重要民主权利，草案从不同角度对公民的该项权利给予充分保障。草案规定，公民有依法担任人民陪审员的权利和义务。人民陪审员依法享有参加审判活动、独立发表意见、获得履职保障等权利。人民法院应当依法保障人民陪审员参加审判活动，人民陪审员所在单位、户籍所在地或者经常居住地的基层组织应当依法保障人民陪审员参加审判活动。

（二）坚持人民陪审员选任的广泛性和代表性

人民陪审员的选任应当注意吸收普通群众，兼顾社会各阶层人员的结构比例，注意吸收社会不同行业、职业、年龄、民族、性别的人员，实现人民陪审员的广泛性和代表性。按照《试点方案》的要求，推行人民陪审员选任的“一升一降”（提升年龄、降低学历）和“三个随机”（随机抽取人民陪审员候选人、随机抽取确定人民陪审员人选、随机抽取人民陪审员审理具体案件），主要就是为了体现人民陪审员选任的广泛性和代表性，并已取得预期效果。因此，草案将这些要求予以明确规定，但考虑到部分地方选任上的实际困难，仍然部分保留个人申请和组织推荐产生人民陪审员的方式。

（三）强调充分发挥人民陪审员的参审作用

草案以解决“陪而不审、审而不议”问题，充分发挥人民陪审员的参审作用为导向，合理界定人民陪审员参审范围，明确人民陪审员参与案件审理的程序和要求；妥善区分事实审和法律审，在七人合议庭中，实行人民陪审员不再审理法律适用问题，只参与审理事实认定问题；同时加大审判长对人民陪审员的指引、提示力度，强调法官对人民陪审员行使权力的保障义务，但不得影响人民陪审员的独立判断。

三、涉及的重点问题

（一）关于人民陪审员选任

一是放宽选任入口。草案在总结改革试点经验的基础上，将学历要求从原有的大专以上降低到一般具有高中以上文化程度，就是要让更大范围的群众有机会选任人民陪审员。同时，法官员额制改革后，实践中担任员额法官的年龄一般需要28周岁以上（本科毕业23岁左右，从事法律工作5年以上），并考虑到提高年龄要求有利于更好地发挥陪审员富有社会阅历、了解社情民意的优势，将担任人民陪审员的年龄从23周岁提高到28

周岁。二是改革选任方式。《试点方案》和《试点办法》要求陪审员全部随机抽选产生，在实践中产生了不少争议。部分全国人大代表和不少地方法院都主张保留个人申请和组织推荐方式。草案第八条规定，陪审员应当是随机抽选产生的前提下，因审判活动需要，一定比例的人民陪审员可以通过个人申请和组织推荐的方式产生。具体办法由最高人民法院制定。三是明确随机抽选来源。在试点过程中，由于选民名单5年才更新一次，信息滞后严重。在实践中，人民陪审员选任大多是从当地公安机关提供的常住居民名单中随机抽取候选人。故草案第八条规定，“人民陪审员从符合条件的当地常住居民名单中随机抽选”，而不是从选民名单中随机抽选产生。同时，草案第九条明确规定公安机关应当向基层人民法院提供当地常住居民名单，并根据其掌握的犯罪记录信息对有无犯罪记录进行审核。

（二）关于事实审和法律审区分

人民陪审员参加的合议庭组成采用两种模式：一是原有的三人合议庭继续保留，二是增设七人合议庭。之所以没有选择五人或九人及以上的合议庭组成模式，主要是考虑到在区分事实审和法律审的前提下，采用五人合议庭，法官人数至少要保证三人，人民陪审员则仅有两人，在合议庭内人数较少，难以发挥有效、实质参审的应有作用；采用七人合议庭，一方面是七人合议庭已能满足审理重大案件的需要，法庭设施也不需要大规模改造；另一方面，七人合议庭中人民陪审员四人和法官三人，数量配比相对平衡，如果合议庭人数为九人及以上，既会加剧人民法院“案多人少”的工作负担，加大陪审成本，又会影响审判活动的效率。同时，刑事诉讼法第一百七十八条规定，高级法院、最高法院审理一审案件可以由审判员和人民陪审员三人至七人组成合议庭，也是设置七人合议庭的参考依据。

在三人合议庭中，以不区分事实审与法律审为宜，人民陪审员与法官有同等权利；对一些社会影响重大的案件，由三名法官和四名人民陪审员组成七人合议庭，人民陪审员在法官的指引下只参与审理事实认定问题，不审理法律适用问题。因此，草案第二十条、第二十一条对三人合议庭与七人合议庭的评议规则分别作出规定，三人合议庭不区分事实审和法律审，七人合议庭审判案件时，人民陪审员只参与审理事实认定问题，不参与审理法律适用问题。

（三）关于参审范围

合理界定人民陪审员参审案件的范围，既要让陪审制度在国家治理和司法体系中发挥应有作用，又要解决实践中长期存在的“陪而不审、审而不议”等问题。草案第十四条为一般规定，即涉及群体利益、公共利益、人民群众广泛关注的以及其他社会影响较大的第一审刑事、民事、行政案件，均可以适用陪审制，法律规定由法官独任审理或者由法官组成合议庭审理的除外，这一表述是对2004年《决定》第二条第（一）项“社会影响较大的刑事、民事、行政案件”的具体化；第十五条进一步明确七人合议庭的案件参审范围，并作了类型化处理，第一类是社会影响重大的可能判处十年以上有期徒刑、无期徒刑的刑事案件；第二类是行政诉讼法和民事诉讼法规定的公益诉讼案件；第三类是其他涉及征地拆迁、环境保护、食品药品安全等社会公共利益的重大案件。除了上述规定，参审范围还包括当事人申请适用的案件。

（四）关于退出和惩戒机制

草案第二十六条保留了《决定》第十七条的规定，同时参考《试点办法》第二十七条，规定人民陪审员有该条第一款第二项、第四项所列行为，可以采取通知所在单位、户籍所在地或者经常居住地的基层组织，在辖区范围内公开通报等措施进行惩戒。

（五）关于履职保障

草案第二十七条第一、三款保留了《决定》第二十八条第二、三款的规定，同时参考2005年《最高人民法院关于人民陪审员管理办法（试行）》第四十条，增加一款规定“人民陪审员所在单位违反前款规定的，基层人民法院应当及时向人民陪审员所在单位，或所在单位的主管部门，或所在单位的上级部门提出纠正意见。”该款规定主要是为了明确人民陪审员所在单位的保障责任。

另外，草案第二十八条第一款中对“人民陪审员因参加审判活动而支出的交通、就餐等费用”的补助标准明确为参照当地国家机关一般工作人员的出差补助标准。第二款明确将人民陪审员人身意外伤害保险费纳入当年业务经费预算，旨在解决人民陪审员在参审途中或参审时发生意外的赔偿问题。

（六）其他内容

关于人民陪审员任期。草案第十二条第一款规定，人民陪审员的任期为五年。任期届满后，人民陪审员职务自动免除，一般不得连任。该规定旨在让更多的公民有可能参与到审判活动中。

关于提交审委会讨论规则。草案第二十二条规定，合议庭成员意见有重大分歧的，人民陪审员或法官可以要求合议庭将案件提请院长决定是否提交审判委员会讨论决定。这一规定赋予了法官和人民陪审员对等的审判权力，同时又可以最大程度上保证案件的质量和效率。

关于参审案件数上限。为了有效防止“驻庭陪审员”“编外法官”的出现，设定每位人民陪审员的年度参审数上限是有必要的。因此，草案第二十三条还规定，人民法院应当结合本辖区实际情况，合理确定每名人民陪审员年度参与审判案件的数量上限，并向社会公告。

《中华人民共和国人民陪审员法（草案）》和以上说明是否妥当，请予审议。

全国人民代表大会宪法和法律委员会关于《中华人民共和国人民陪审员法（草案）》审议结果的报告

全国人民代表大会常务委员会：

十二届全国人大常委会第三十一次会议对人民陪审员法草案进行了初次审议。会后，法制工作委员会将草案印发各省、自治区、直辖市和部分较大的市人大常委会、中央有关部门及部分高等院校、研究机构、基层立法联系点征求意见，在中国人大网全文公布草案征求社会公众意见。十二届全国人大法律委员会、内务司法委员会和法制工作委员会联合召开座谈会，听取中央有关部门和部分专家学者对草案的意见。法律委员会、法制工作委员会还到一些地方进行调研，听取意见；并就草案的有关问题与最高人民法院、司法部、财政部交换意见，共同研究。宪法和法律委员会于4月8日召开会议，根据常委会组成人员的审议意见和各方面意见，对草案进行了逐条审议。监察和司法委员会、最高人民法院、司法部有关负责同志列席了会议。4月17日，宪法和法律委员会召开会议，再次进行审议。宪法和法律委员会认为，为体现党中央关于司法体制改革的有关精神，有利于人民参与司法活动，制定人民陪审员法是必要的；草案经过审议修改，已经比较成熟。同时，提出以下主要修改意见：

一、草案第二条规定了人民陪审员的权利和义务。有的常委委员提出，有关诉讼法律和全国人大常委会的有关决定都有人民陪审员与法官有同等权利的规定，有利于更好体现人民司法的性质，增强司法公信，建议保留这一规定。宪法和法律委员会经研究，建议在草案中增加规定：人民陪审员“依法参加人民法院的审判活动，除法律另有规定外，同法官有同等权利”。

二、草案第五条规定了不能担任人民陪审员的人员范围，第六条规定了不得担任人民陪审员的情形。有的常委委员、全国人大代表、地方、部门和社会公众提出，根据法律职业资格制度改革精神和实践情况，建议增加规定公证员、仲裁员不能担任人民陪审员，被吊销律师、公证员执业证书的，被纳入失信被执行人名单的，以及有严重违法行为，可能影响司法公信的，不得担任人民陪审员。宪法和法律委员会经研究，建议采纳这些意见，在草案中增加上述内容。

三、草案第九条、第十条中规定，人民陪审员的选任工作由基层人民法院会同司法行政机关进行。有的地方、部门和社会公众提出，为提升司法公信，建议将选任工作交由司法行政机关牵头负责，建立司法行政机关牵头选荐、人大常委会任命、法院使用的选任工作机制。宪法和法律委员会经与最高人民法院、司法部研究，建议采纳这一意见，对草案作出相应修改。

四、草案第十四条、第十五条规定了人民陪审员参审案件的范围。有的常委委员、地方、部门、社会公众和学者建议进一步扩大人民陪审员参审案件范围，增加规定死刑案件和其他社会影响重大的案件。宪法和法律委员会经研究，建议对草案作以下修改：一是在人民陪审员参审案件中增加“案情复杂，需要由人民陪审员参加审判的”；二是将“可能判处十年以上有期徒刑、无期徒刑”修改为“可能判处十年以上有期徒刑、无期徒刑、死刑”，并增加“其他社会影响重大的案件”。

五、根据有的常委委员、地方和部门的意见，宪法和法律委员会建议增加规定：人民陪审员的人身和住所安全受法律保护。任何单位和个人不得对人民陪审员及其近亲属打击报复。对报复陷害、侮辱诽谤、暴力侵害人民陪审员及其近亲属的，依法追究法律责任。

六、草案第二十七条、第二十八条对人民陪审员的参审补助、支出费用补助及人身意外伤害保险作了规定。有的地方、部门建议扩大补助的范围、增加项目、提高标准，有的建议取消有关保险的规定，有的建议法律中只作原则规定，由有关部门共同制定具体办法。宪法和法律委员会经研究，建议对草案相关规定作出修改，对相关补助只作原则规定；并增加规定：具体办法由最高人民法院、国务院司法行政部门会同国务院财政部门制定。

此外，还对草案作了一些文字修改。

4月10日，法制工作委员会召开会议，邀请全国人大代表、人民陪审员、专家学者、律师、部分试点和非试点地区人大常委会、人民法院、司法行政机关工作人员等方面的代表，就草案中主要制度规范的可行性、法律出台时机、法律实施的社会效果和可能出现的问题等进行评估。总的评价是：草案贯彻落实党的十九大和十八届三中、四中全会精神，根据中央司法体制改革部署和司法实践需要，明确了人民陪审员的权利义务，完善了担任人民陪审员的条件、选任程序、参审规则、管理保障措施等内容，有利于拓宽人民群众有序参与司法的渠道，充分发挥人民陪审员的参审作用，促进司法公正，提升司法公信。草案规定的主要制度规范是可行的，充分体现了人民陪审员制度改革试点的成果和经验，符合人民陪审员制度工作实际，针对性和可操作性比较强，已基本成熟，应尽早出台。有的会议代表还对草案提出了一些具体修改意见，有的意见已经予以采纳。

草案二次审议稿已按上述意见作了修改。考虑到全国人大常委会先前作出的关于授权开展人民陪审员制度改革试点工作的决定将于 2018 年 5 月期满，人民陪审员法草案经修改完善后已经比较成熟，各方面意见一致，宪法和法律委员会建议提请本次常委会会议审议通过。

草案二次审议稿和以上报告是否妥当，请审议。

全国人民代表大会宪法和法律委员会
2018 年 4 月 25 日

全国人民代表大会宪法和法律委员会关于《中华人民共和国人民陪审员法（草案二次审议稿）》修改意见的报告

全国人民代表大会常务委员会：

常委会第二次会议于4月25日下午对人民陪审员法（草案二次审议稿）进行了分组审议。普遍认为，草案已经比较成熟，建议进一步修改后，提请本次常委会会议表决通过。同时，有些常委会组成人员还提出了一些修改意见。宪法和法律委员会于4月26日上午召开会议，逐条研究了常委会组成人员的审议意见，对草案进行了审议。监察和司法委员会、最高人民法院、司法部有关负责同志列席了会议。宪法和法律委员会认为，草案是可行的，同时，提出以下修改意见：

一、有的常委会组成人员提出，人民陪审员应当具备的条件中应当包括遵纪守法的内容，对于有其他严重违纪行为，可能影响司法公信的，也不得担任人民陪审员。宪法和法律委员会经研究，建议采纳这一意见，在草案二次审议稿第五条第一款第三项中增加“遵纪守法”的规定，将草案二次审议稿第七条第六项修改为“其他有严重违法违纪行为，可能影响司法公信的”。

二、有的常委委员提出，草案二次审议稿第九条规定从“符合条件”的常住居民名单中抽选人民陪审员候选人，又规定对候选人进行“资格审查”，表述上存在矛盾。有的常委委员建议明确从辖区内的常住居民名单中抽选人民陪审员候选人。宪法和法律委员会经研究，建议采纳上述意见，将本条中的“符合条件的常住居民名单”修改为“辖区内的常住居民名单”。

三、有的常委会组成人员提出，为充分发挥人民团体的作用，建议在草案二次审议稿第十一条中明确，有关人民团体也可以推荐人民陪审员候选人。宪法和法律委员会经研究，建议采纳这一意见，将这一条中的“基层组织”修改为“基层群众性自治组织、人民团体”。

四、有的常委委员提出，草案二次审议稿第十五条第一款规定了人民陪审员参加审判的案件范围，实践中除社会影响较大、案情复杂的案件外，还有一些根据案件情况需要由人民陪审员参加审判的情形，建议增加。宪法和法律委员会经研究，建议采纳这一意见，将这一款第三项修改为“案情复杂或者有其他情形，需要由人民陪审员参加审判的”。

五、有的常委会组成人员提出，为提高人民陪审员的履职能力，应当加强对人民陪审员的培训工作，建议对人民陪审员的培训工作作出专门规定。宪法和法律委员会经研究，建议采纳这一意见，在草案中增加规定，对人民陪审员应当有计划地进行培训。人民陪审员应当按照要求参加培训。

此外，根据常委会组成人员的审议意见，还对草案二次审议稿作了一些文字修改。

草案建议表决稿已按上述意见作了修改，宪法和法律委员会建议本次常委会会议审议通过。

在常委会审议中，有些常委会组成人员还提出了一些修改意见，并就法律通过后的贯彻实施提出了一些好的建议。宪法和法律委员会经研究认为，有些意见可在制定和修改配套规定时研究考虑；同时建议法律通过后，有关部门要做好宣传工作，按照法律的要求，指导地方开展人民陪审员的选任、参审以及管理、培训、保障等工作，确保法律正确有效实施。

草案建议表决稿和以上报告是否妥当，请审议。

全国人民代表大会宪法和法律委员会

2018 年 4 月 27 日